Combel Editorial es un sello de Editorial Casals, SA
© 2018, Lannoo Publishers, de la edición original
Título original: *Het mooiste boek van alle kleuren*
www.lannoo.com

Este libro fue publicado con el apoyo de Flanders Literature (flandersliterature.be).

FLANDERS LITERATURE

Diseño: Tom Schamp y Studio Lannoo (Aurélie Matthys)
Maquetación: Stefano Puddu
© 2019, de esta edición, Editorial Casals, SA
Casp, 79 – 08013 Barcelona
combeleditorial.com

Primera edición: septiembre de 2019
ISBN: 978-84-9101-528-4
Depósito legal: B-10468-2019

Impreso en Italia por Printer Trento
via alle Roste, 12 – 38121 Trento

MIXTO
Papel procedente de
fuentes responsables
FSC® C015829

Gracias a Katrien, Noa y Carolien
por su buen recorte de imágenes.

El libro más bonito de todos los
COLORES

ENCICLOPEDIA OTTO·COLORISTA

Tom Schamp

COMBEL

Una mañana,
Otto se despierta...

«¿Por qué hoy todo es tan gris?»

GRIS

El gris también es un color.

«¡El cielo siempre es azul sobre las nubes!»

«Yo solo veo gris.»

Cuando el cielo está encapotado, todo parece triste y gris.

Todas las nubes tienen un ribete **PLATEADO.**

¡Muchas cosas bonitas son grises!

¡El mamífero terrestre más grande del mundo es gris!

«¿Falta mucho?»

La niebla es gris.

Entre gris y blanco hay muchos matices.

«¡Nuestro coche es gris!»

La calzada es gris.

La sombra es gris.

yo ♥ TOSTADAS grises

gris metálico

gris piedra

Nuestra materia prima es gris.

células grises

paleta gris

50

TiNTAS GRISES

8

¡EL GRIS
es tan
BONITO
como los demás
COLORES!

¡VIAJAMOS con el GRIS!

El gris es una
mezcla de
blanco y negro.

nube de lluvia

Cuando las nubes se vuelven negras,
van cargadas de blanca nieve.

El Mar del Norte, tan gris, es el más bonito.

señales de humo

El humo blanco indica
aprobación.

Estos siete cabritillos blancos
viven en una casa gris.

El humo negro indica
que hay que esperar.

«¡Respetad
mis cabellos
blancos!»

GREY

Este
cabritillo
cuenta
ovejas.

WE FADE
TO GRAY

Calle de los abedules, 20

¿Quién sabe contar hasta siete?

El Atomium
es gris.

¡Un
elefantito
recién nacido
no es rosa!

La acera es gris.

harina   pata
blanca

gris ≠ triste

El abuelo es gris.

La abuela es gris.

¡Bodas de plata!

¿El paso del tiempo
nos hace más sabios?

El papel de periódico es gris.

the Grey catz

abedul

«La verdad no es nunca
del todo blanca o negra.»

9

Sin negro no hay blanco.

BLANCO

OESTE

la Casa Blanca

Blanco y negro se complementan muy bien.

el Taj Mahal

ESTE

El blanco puro casi no se encuentra en la naturaleza.

«Blanco, blanco, blanco...»

«... ¿qué beben las vacas?»

El negro es el color de la noche.

El blanco es el color de la luna.

¡Qué regalo para la mujer de un príncipe!

Black = Beautiful

¡Paz!

Hay días en que todo lo veo negro.

paloma blanca de la paz

ice ice baby

bandera blanca

Dicen que en la Casa Blanca vive un ratón blanco.

blanco como la leche

dientes de leche

DENTI FRESH

Si quieres tener los dientes blancos, ¡tienes que cepillarlos muy bien!

COMO EN CASA, EN NINGÚN LUGAR

¿Qué hay más bonito que ver caer la nieve desde la ventana?

blanco como la nieve

dos osos polares

Corbillard

En otros lugares, el color del duelo es el blanco.

De noche las panteras negras son casi invisibles.

búho real

Las cebras... ¿son blancas a rayas negras?

¿O negras a rayas blancas?

«¡Los abedules son las cebras de los árboles!»

BAR Code 24/7

¡Un conejo blanco!

A los animales albinos les falta un pigmento.

pantera negra

Los pasos de cebra también son a rayas blancas y negras.

& WHITE

Un terrier escocés

«¿Quién va con nosotros hasta Inglaterra?»

1

2

3

101 dálmatas suman más de 1001 manchas.

Esto parece una historia de las mil y una noches.

«Boda en blanco y negro.»

El blanco de los ojos no siempre es blanco.

cisnes negros

OPPOSITES ATTRACT

Los opuestos se atraen.

Nadie invita a los tiburones blancos.

tiburón blanco

novio

novia

4

perla negra

butifarra negra

¡Este pajarito negro ha salido de un huevo blanco!

KARATE Kitten

«¡A ver quién es más Blancanieves!»

Snow white

RIP

cinturón blanco

En el judo empiezas con cinturón blanco.

Bajo tierra todo es negro, muy negro.

¡No se permiten los golpes bajos!

¡cinturón negro!

Y terminas con cinturón negro.

La novia va de blanco y el novio de negro.

El blanco es símbolo de pureza.

AMARILLO

amarillo limón

¡Hay muchos tonos de amarillo!

SIN SOL NO HAY COLOR

El amarillo es el color del sol.

gafas de sol

Si no te lavas bien los dientes, se te volverán amarillos.

El amarillo también es el color de los celos.

La mayoría de emojis son amarillos, como los Minions y los Simpson.

Este es el emoticono original.

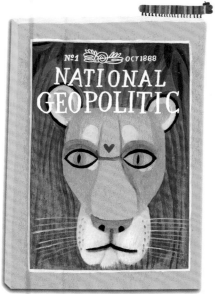

N°1 · OCT 1888
NATIONAL GEOPOLITIC

El rey del reino animal aparece a menudo en la portada de una revista de naturaleza que tiene los bordes amarillos.

CocAir
relámpagos amarillos

Tras la lluvia sale el sol.

Duck & Cover

Y a veces un arco iris.

2 MANY EMOJIS

«Let's go!»

¿Alguien se acuerda de las páginas amarillas?

este niño es un sol

amarillo de Nápoles

«¿Esto es el Mar Negro?»

sombrero de paja

un baño al sol

«¡Cuidado con los rayos ultravioleta!»

OTTO FINISH · REFLEX · KODACHROME · OTTOMATIK

El pescado y el limón combinan la mar de bien.

A los patitos amarillos les gusta nadar en la bañera.

«El jabón contamina el agua.»

gel

champú

marée noire?

¡Esta linterna da luz AMARILLA!

I'd like 2 B

under the C

SUN

Hello SUBMARINE

¡AM the WALRUS!

SUN
SUN
SUN

HERE comes the SUN

Los cuatro músicos de Abbey Road.

in an ŌTTŌPUS'S GARDEN

GO FISHING

YELLOW
A veces la luna también es amarilla

Ringo

John Lennon

En aguas poco profundas

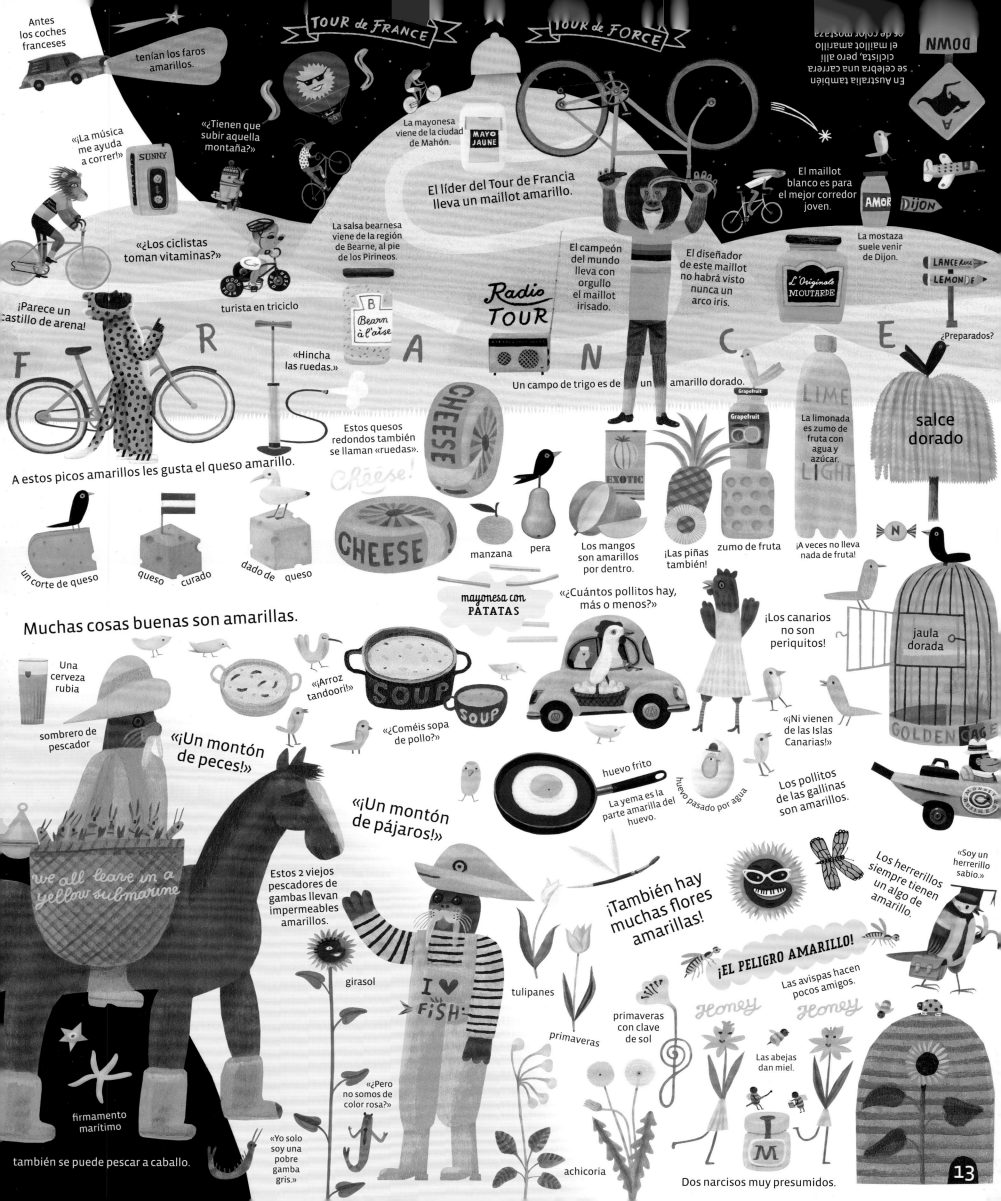

Al otro lado del océano hay muchas más cosas amarillas.

Cuando comienzan su viaje, los plátanos todavía son verdes.

«¡Ponte crema solar!»

FLECHA AMARILLA

El maíz viene de América.

Quizá se vuelven amarillos de añoranza.

Estos autobuses escolares americanos se van de excursión.

¡Se parecen a los sobrinos del pato Donald!

TAXI papa

En las escuelas americanas los lápices a menudo son amarillos.

¡Esto parece una limusina!

«¡Espero que lleguemos puntuales!»

En Nueva York circulan muchos taxis grandes de color amarillo.

Este mono no cobra en cacahuetes.

la GRAN manzana AMARILLA

¡Atención: un plátano pelado!

SLIPPERY WHEN WET!

TICKET to ride

TICKET

¡Este taxi sí que es grande!

¡Atención: piel de plátano!

Las marcas de la carretera también son amarillas.

NARANJA

Si el semáforo se pone naranja, ¡ve con cuidado!

rojo + amarillo = naranja

¡también podemos llamarlo anaranjado!

«¡Cuántas vitaminas!»

Un vaso de zumo de naranja para cada uno...

En muchos idiomas, el naranja da nombre al color y también a la fruta.

Pippi Calzaslargas
Orange!

naranja

laranja

arancione

Una mandarina es un poco más pequeña.

Y una clementina, ¡todavía más!

El zumo también es naranja.

... y para el bebé, ¡leche!

'PiPPi 'LANGS 'TRUMPF

La naranja es la madre de todos los cítricos.

Si un gatito quiere espaguetis, ponle un babero.

«Lo sentimos pero no tenemos helado de naranja.»

«¡Pero sí un polo!»

Y una galleta.

Es de Suecia.

«Quiero volver con mi familia.»

I ♥ RAGU

sopa de tomate

«Estos pajaritos tienen una relación intermitente.»

carré à la confiture

¿Este equipaje va sobre la carroza?

CUERVO NOCTURNO

«¡No llegaremos nunca a casa antes de medianoche!»

Después del naranja viene el rojo.

Chaumes   Cheddar

Estos quesos no son holandeses.

Un poco de bagaje cultural no hace daño a nadie.

¡Abrid la puerta, en nombre de la familia de Orange!

TRAVEL LIGHT

Fox tale

No te fíes nunca de un zorro

Fox tail

yo ♥ gallina

«¡Tengo que estar en casa antes de medianoche!»

¿Podemos parar aquí un momento?

«¡Primero hay que pagar!»

PARKING TICKET to ride

En otoño, el girasol se vuelve casi naranja.

FOX HUNT

NIGHT shade

TOM&CO 1991

NO THX

Por suerte, las ancas de rana ya no están de moda.

Fox tail SOUP

«Aquí huele a sopa de pescado.»

Fish tail

pececito de acuario

«Si este zorro es un príncipe, yo soy Napoleón.»

El pez grande se come al pequeño.

«¡Hay que pescarlo!»

«¿Qué recoge este camión?»

CÓDIGO NARANJA

¿Sabíais que el nombre de la Casa de Orange, la casa real de Holanda, viene de la ciudad francesa de Orange?

DEPANINI

¡Viva Guillermo de ORANGE!

¡desayuno!

«¡Viva Holanda!»

¡En este adhesivo hay muchos héroes neerlandeses!

HUP HUP ORANJE

ORANJE   (NEDERLAND)

¿Es la casa de Orange?

¡Riesgo de fenómenos climáticos extremos!

«¿Son virutas de fruta o mermelada?»

DEPANINI & CO. 24/24

¡Servicio!

tulipanes de Hámsterdam

El color zanahoria es una tonalidad del naranja.

Nos están desviando...

côté jardin

¡Otto ya tiene el cinturón naranja de judo!

40 love!

côté court

ORANGE MECANIQUE!

CLOCKWORK ORANGE

«¿Cómo pasa el tiempo!»

HALLO WEEN

¡GRAJA, baby!

TORMENTA de

OTOÑO

GRUPPO SPORTIVO

TENNIS COURT

LAPOSTE

chaleco fluorescente

cerámica

cono de tráfico

OBRAS Y MÁS OBRAS

«De mayor quiero ser tenista.»

«Y mi hermana también!»

Esta pista de tenis naranja es de tierra batida y polvo de ladrillo.

GRAVA

brique pilée!

Cultura

La cerámica de la Grecia antigua a menudo es negra y naranja.

Χρόνος

el tiempo vuela

¿Hay algo más naranja que 2 orangutanes sobre un árbol en otoño?

ora et LABORA

naturaleza

Hay poco espacio para la madre naturaleza.

I ♥ Mama

«Orangután» significa «hombre del bosque».

«¡No os paréis!»

«¡Sin patalear!»

El petirrojo también es naranja.

R A N G E

«¿Estás listo para el baile de los tigres?»

¡Bálsamo para el alma!

¿Una taza de té?

Fox NEWS

T REX

sopa de cangrejo

¡Pescado enlatado!

«Las varitas de pescado también son naranjas.»

El rosa salmón es naranja.

Si haces pipí de color naranja, tienes que beber más.

té (por ejemplo)

PiSKE d'Romard

«¿Te conozco de algo?»

«¡Me llamo Nadie!»

salmón escocés

¿whisky?

licor de mandarina

17

City Trip

ROJO
¡Después del naranja, viene el rojo!

En Londres hay muchas cosas rojas, como las casetas de los guardas, las cabinas telefónicas, los buzones y los autobuses.

Pero en Navidad en Londres todavía hay más rojo.

in the name of LOVE!

STOP

Si se pone rojo, ¡hay que parar!

Pero los taxis son negros.

my other car is a Ferrari

luz roja

El rojo se utiliza a menudo para prohibir cosas.

dirección única

«¿Infrarrojo?»

BILL BOARD

¿sarampión?

«¡Lárgate!»

☎100

¡Máximo 25 por hora!

25

«¿km o millas?»

la Cruz Roja

Este cachorro rojo padece una enfermedad infantil.

¡escarlatina!

¡No pasar!

¡Atención! ¡Calzada resbaladiza!

Solo los servicios de asistencia pueden saltarse el semáforo en rojo.

¡No os paréis!

JOHN REINDEER XMAS

¿Todo está prohibido aquí?

¡No aparcar!

«¿Todavía están hechos de piel de oso negro?»

¿Este vendedor de árboles de Navidad también es un servicio de asistencia?

«¡Fuego!» RED ALERT «¡Fuego!»

¡Un gatito que se ha puesto rojo!

Se acerca un gatito rojo...

This is London

«¡Vais por el otro lado!»

«¡Aquí todo el mundo conduce al revés!»

Aquí todo va mal.

GROAR

A los británicos les gustan las tradiciones.

HIGHER GROUND

«Y ahora no hay agua...»

FIGHTING FIRE

with water

agua con gas

¡BOMBEROS VAN!

Fox tail

FOX HUNT!?

NO THX

«Y los caballos.»

THE STAKES ARE HIGH

¡Suerte que hay más de un camión de bomberos!

FIGHTING FIRE with FIRE

WHERE is Red ADAIR?

SHOP UNTIL YOU DROP

«¡Y los perros!»

RED ALERT

Circus Dragone

R&D

¡BOMBEROS VIENEN!

Están poniendo la alfombra roja.

«Y aquí tampoco hay agua...»

xxx más gré

A veces hay que combatir el fuego con fuego.

«¿Y estas latas vacías?»

Cold Play

Tenemos un problema con el

SILEN-CIADOR

LONDON CALLING

UNDERGROUND

El mundo también es rojo en este lugar.

GOLDEN GATE Bridge

El sol se pone por el oeste.

3 carteles publicitarios

La hoja de arce es el símbolo de Canadá.

Antiguamente en Escandinavia y en Norteamérica los graneros se pintaban de rojo con el óxido de la herrumbre de las viejas herramientas agrícolas.

STEAK

THE STEAKS ARE HIGH

Nº8

BILL BOARD

BARNES & NOBLES

RED BARN

graneros rojos

THERE'S A RED HOUSE over yonder

Es decir que no los tiñen de rojo con sangre de buey.

J'AI LU

UP SIDE IS DOWN

En AMÉRICA todo es MÁS GRANDE

RED BEANS

RED

LITTLE RED ROOSTER

Esto no es sangre.

red neck

«¡Cómo PICA!»

RED HOT coffee

judías rojas

Red

I ♥ NY

a)

b)

c)

KETCHUP!

ROJO SANGRE

américain préparé!

Echemos un vistazo a la comida...

CORN BEEF

S Crap

Fame Warhol Soup

HELP!

casa de madera

¡casa de ladrillos!

ladrillo rojo

¡Torre de pizza's!

PIZZA

La carne roja no es muy saludable.

casa de paja

¡Mi marido no es muy habilidoso!

¿A qué cerdito pertenece cada casa?

1 2 3

¡Con mucho tomate!

«Y no hacer ejercicio tampoco.»

My girl is RED

HOT

petirrojo

FAN

Los faros traseros siempre son

MUY ROJOS

¡En AMÉRICA todo es más ROJO!

Just Cruisin'

¡Los 3 cerditos dan una fiesta!

¿Quién ha estado jugando con el bolígrafo rojo?

night shade

Belladone

La alfombra roja sigue por aquí...

BIG in AMERIKA

¿Es rojo con lunares blancos?

¡Seguro que es venenoso!

La gente pálida se pone roja si toma demasiado el sol.

TOMAT

Este cangrejo solo habla francés.

Cold

Play

piel blanca

¡Atención! Las manzanas rojas pueden estar envenenadas.

El tomate es el miembro rojo de la familia de las solanacias.

Las gambas se vuelven rojas al cocerlas.

j'♥ la soupe Otto-mates

«¡Nos pillaron in fraganti!»

RED

OXO

HOT

ROCK LOBSTER

UP

DOWN

Si te pasas muchas horas cabeza abajo, te pones rojo como un tomate.

Da igual: acabaremos en la sopa de todas maneras.

chili pepper

chile picante

¿Dónde vas Caperucita?

Una sandía es roja por dentro.

¿Seguro que esto es sopa?

sin carne

Y también te puedes poner rojo de...

¡Ira!

PISKE d'Homard

¡Hago una sopa buenísima!

grosellas rojas

cerezas

¡Vergüenza?

¡Esfuerzo!

¿Concentración?

FRESH PRINT

RUSIA para PRINCIPIANTES

«¿No iban hacia España?»

de RODE DUIVELS / les DIABLES ROUGES (BELGIE / BELGIQUE)

En el fútbol, que no te muestren la roja.

En el fútbol los colores tienen otro significado.

árbitro de negro

tarjeta roja

tarjeta amarilla

2 x amarilla = roja

¡VIVA el COLOR!

¡Solo es un juego!

SOCIALISMUS NOW!

«Cuanta más ayuda tengamos, ¡más fácil será el trabajo!»

¡Todavía podemos usar esta bandera roja!

Las hormigas rojas son un poco más decididas.

¿Quién ha dejado entrar a esta banda roja?

Lé OLé ALLO!

OLé

FARE

ALLO!

El teléfono rojo era una línea directa entre Rusia y Estados Unidos.

«¿Quién apagó la luz?»

«¡No lo sé!»

«¿Quieres apretar el botón rojo?»

RED ALERT!

Running GAG

«¡No te pares!»

Estos moluscos rojos son de Kamchatka.

¡Esta alfombra roja será nuestro hilo conductor!

Rojo y verde son colores complementarios.

Esto es una enfermedad infantil?

SANGRIA

ZARA GOZA

Este corzo lleva el maillot blanco con lunares rojos: ¡es el rey de la montaña!

Las naranjas sanguinas también son rojas por dentro.

¡El rojo es el color de la sangre!

BAR CELONA

«¡Me quito el sombrero!»

Esta botella está casi vacía.

El burdeos es rojo oscuro.

malta es una isla.

El mar ROJO ¡parece un bañador muy veraniego!

Los tulipanes son originarios de Turquía.

SUN rise

¡El sol sale por el este!

El líder de la Vuelta lleva el maillot rojo.

MAD ride VUELTA

«¿Quién es el farolillo rojo de la carrera?»

dos fresas

un manillar con forma de cuernos

¿es una naranja sanguina?

Al terminar les harán unos análisis de sangre.

fez?

factor solar

¡Este perrito está en forma!

vamos hacia el rosa

Recuadro superior (fondo negro)

Siberia

BACK IN THE U.S.S.R

Virgin

City Tip

¡El planeta rojo!

Mars

Cruz Roja

STOP

«Buen viaje, Nick!»

Sputnik

SPACE RACE

in the name of LOVE!

De noche aquí hay luces rojas.

MALE VICH

MARK ROTHKO

RED LABEL

RED SQUARE

7

La Plaza ROJA

RED

J'AI VU

(bala) Laika

Oh Nikita you will never know

NATALY

Mockba

КРáсная площадь

WHO'S LENIN THERE!

¿Mañana hablamos del este?

«Du- ma.»

BIG I'm BELGIUM!

NO GOALS NO GLORY

absolut

Mapa (Oriente Medio)

carte GÉO- POÉTIQUE

MEDITERRANEAN

C'est pas la mer à boire...

SEA ME!

FATA MORGANA

¿Es una pelota de playa?

Cairo

EGYPT

SUEZ

EL JORDAN

SAUDI ARABIA

EMIRATES

MAR ROJO +MAR MUERTO

Medina

Mecca

O MAN

the sea Rolls

Khartoem

SUDANLY

I'm not half the man I used to be...

JEMEN

GULF of ADEN

Saludos desde Oriente Medio

Yeah man! Oh man!

I'm working on my tan!

un petrolero

23

rojo + blanco = ROSA

Antiguamente el rosa era un color para los niños. Los caballeros iban de rojo, y sus hijos llevaban la ropa desteñida, más bien rosa.

En primavera, los cerezos japoneses florecen.

«¡Qué brisa primavera más fresquit...»

Al lobo gris a veces también le apetece un cerdito rosado.

WALL STREET $HUFFLE

¡Paja!   ¡Madera!   ¡Piedra!   las páginas salmón

¡Estos 3 cerditos rosa piensan en el futuro e invierten en materias primas!

PRETTY in PINK

PinkCadillac

«¿Alguien ha visto a mi mamá?»

A veces nos pintan las cosas muy de color de rosa.

«¿Dónde está mi chófer?»

Cherry   Blossom   Girls

gafas de fiesta
GAFAS DE COLOR ROSA

Una alfombra rosa es un poco más elegante que una roja.

PRETTY IN PINK

«¿Hay algo más rosa que un cerdito con un tutú rosa?»

«¿Alguien ha visto a mi cachorro?»

Este caniche rosa lo ve todo de color de rosa.

«¡Uau!»   «¡Ay!»

Muchas rosas son de color rosa.

Y también tienen espinas.

¡3 bailarinas!

¿Quién ha recogido todas las rosas?

a rose = a rose = a rose

1 + 1 = 2   ¿Pero cuánto son 2 + 2?   ¡Súmalo!

¿Y 4 + 4?

¡Son 8!

el zumo de pomelo es rosado

una multiplicación

maravillosa

«¿Se puede andar por el agua con zancos?»

Las gambas se vuelven rosas cuando las cueces.

«¡Pues yo prefiero seguir siendo gris!»

2 + 2 = 4

El sakura es el símbolo del país del sol naciente.

SAKURA

Las crías de elefante no suelen ser rosas.

for BOYS & GIRLS

Sweet dreams

¿Ves elefantitos rosas?

Estos conejitos están recién casados.

Just married

BABY

¡El mejor regalo!

rosa pastel

«¡Tocino!»

¿Un cerdito de mazapán?

BIG PINK

Todavía están en las nubes.

un cerdito hucha

¡Muchas cosas buenas son rosas!

jamón   dulce

cebolla

rábano

blanco + rojo = ¡rosa!

glazen Jozef

pastel helado   pastel dulce

piruleta

polo

¡Todavía más rosa pastel!

toffee

«¡Para mí una piruleta!»   «¡Genial!»

MEGA HIT

Con esta Vespa rosa no ganarás ninguna carrera ciclista.

PRETTY in PINK
NOT JUST

¡Este macaco japonés es muy fotogénico!

¡Estas tres señoras hacen un helado buenísimo!

Ciao Bella   Bella Ciao

Bella Ciao Ciao Ciao

ola

GIRO

NATIONAL GEOPOETICS
Nº1 OCT 1888
NOT JUST 4 GIRLS

¿Quién no querría una montaña de hielo?

North POLE

sorbet glace

South POLE

alo

cornetto

ola

Paola

¡helado italiano!

nube rosa

¡La hora del deporte!

WATER MELON MAN

Los sorbetes se hacen con agua.

Framboise

Y los helados, con leche o nata.

Fraise

El yogur es más saludable que el helado.

¡Flores!

¡Tiene un color muy saludable!

¡Va en cabeza!

¡Menuda pendiente!

Pero un iceberg es difícil de guardar.

¿Los tulipanes vienen de Amsterdam?

¿Hay tiritas distintas para diferentes tipos de piel?

DIAMONDS
R.A.GRL'S B.F.

«Estas 2 panteras rosas se quieren.»

En el Giro de Italia, el líder lleva un maillot rosa.

GIRO d'Italia

Hay otros maillots.

PRET À PORTER

pantera rosa oscuro

pantera rosa claro

porte bagage!

A este lápiz antes se le llamaba «de color carne».

¡Pero ahora tenemos muchos más colores!

el equipo Panini

El equipo de fútbol de Palermo viste camiseta rosa.

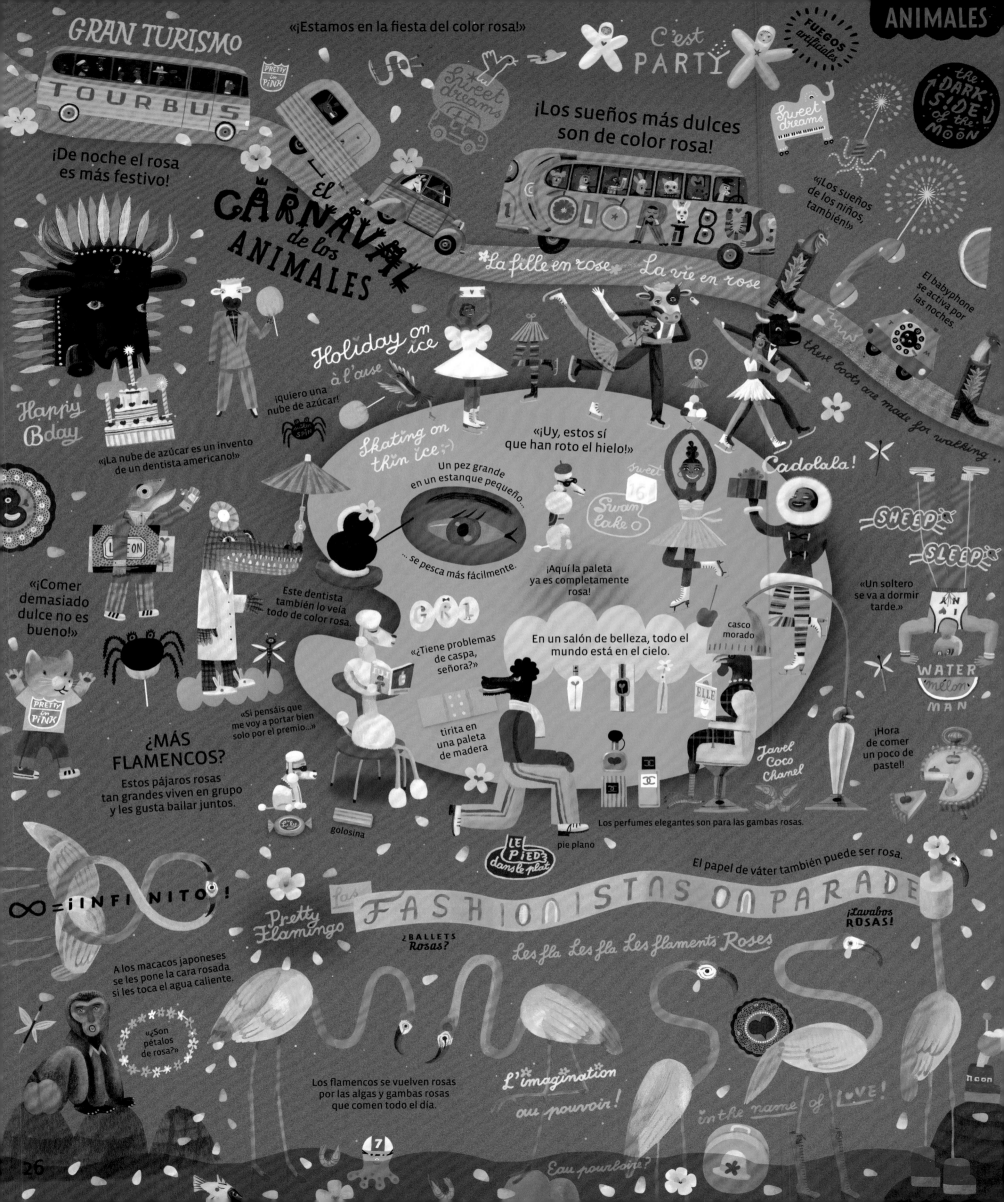

GRAN TURISMO

«¡Estamos en la fiesta del color rosa!»

C'est PARTY

FUEGOS artificiales

TOURBUS

the DARK SIDE of the MOON

¡Los sueños más dulces son de color rosa!

¡De noche el rosa es más festivo!

Sweet dreams

Sweet dreams

«¡Los sueños de los niños, también!»

EL CARNAVAL de los ANIMALES

La fille en rose

La vie en rose

El babyphone se activa por las noches

Happy Bday

Holiday on ice à l'aise

¡quiero una nube de azúcar!

«¡La nube de azúcar es un invento de un dentista americano!»

Skating on thin ice ;-)

Un pez grande en un estanque pequeño...

... se pesca más fácilmente.

«¡Uy, estos sí que han roto el hielo!»

Swan lake

Cadolala!

these boots are made for walking...

SHEEP SLEEP

«¡Comer demasiado dulce no es bueno!»

Este dentista también lo veía todo de color rosa.

GR1

«¿Tiene problemas de caspa, señora?»

¡Aquí la paleta ya es completamente rosa!

En un salón de belleza, todo el mundo está en el cielo.

casco morado

«Un soltero se va a dormir tarde.»

WATER watermelon MAN

PRETTY in PINK

«Si pensáis que me voy a portar bien solo por el premio...»

tirita en una paleta de madera

ELLE

¡Hora de comer un poco de pastel!

¿MÁS FLAMENCOS?

Estos pájaros rosas tan grandes viven en grupo y les gusta bailar juntos.

golosina

Javel Coco Chanel

Los perfumes elegantes son para las gambas rosas.

Le PIED3 dans le plat

pie plano

El papel de váter también puede ser rosa.

∞ = ¡INFINITO!

Pretty Flamingo

las FASHIONISTAS ON PARADE

¡Lavabos ROSAS!

¿BALLETS Rosas?

A los macacos japoneses se les pone la cara rosada si les toca el agua caliente.

«¿Son pétalos de rosa?»

Los flamencos se vuelven rosas por las algas y gambas rosas que comen todo el día.

Les fla Les fla Les flaments Roses

L'imagination au pouvoir!

in the name of LOVE!

Eau pourboire?

26

AZUL

¡Antiguamente era el color más caro!

El azul es el color del cielo y del agua.

No es raro que llamemos a la Tierra «el planeta azul».

De lejos todo se ve más azul.

Pero el azul también era el color del pueblo.

lapis lazuli

A veces los colorantes venían de muy lejos.

CREMA

Crema

lapis lazuli

¡Eh, el tejado se levanta!

¡Hay temporal!

PAR! BLEU!

PIERRE BLEUE

No hay mucha comida de color azul.

ciruela

uva

arándanos

«Esas judías azules son perdigones.»

¿O M&Ms de color azul?

agua mineral

A menudo pintamos el agua de color azul.

nel blu dipinto di blu

«¡Llegarás lejos, Pablo!»

VOLARE

EZEL STUDY

un estanque azul

¿Los artistas solo beben agua?

AGUAS BRAVAS

WHIRL POOL

Estos 2 osos azules están acostumbrados al mar.

Pigcasso

Estos 3 pintores están en su época azul.

«¿Se hace más buena letra con una pluma de pavo real que con una pluma de oca?»

Un blueprint es un dibujo técnico.

BLUE PRINTS

TINTAS AZULES

SMURF

FRESH PAINT

Dicen que la Pitufina se parecía a la señora Peyo.

¿Por qué la tinta suele ser azul?

SCHTROUMPF

THINK

¡Pues claro!

¿Los pavos reales son azules?

¡MUCHOS TONOS DE AZUL!

«Abuela, ¿por qué tienes esos ojos tan grandes?»

Los *azulejos* son baldosas azules de Portugal.

Dicen que la mujer del dibujante escogió el color de los Pitufos un lunes triste.

«¡Para ver mejor todos los tonos azules!»

AZULEJOS PORTUGAL

VENI VIDI VICHY

Este patrón de cuadros se llama Vichy.

far WEST

La porcelana de Delft era una imitación barata de la porcelana china.

La porcelana venía de Extremo Oriente.

GAZ

Una llama azul no es fría.

GRAMMAIRE

Los pantalones vaqueros vienen del oeste americano, pero el material con que se fabricaban venía de Génova (por eso en inglés se llaman «jeans»), y después, de Nîmes (por eso también se llaman «denim»).

If you are going to San Francisco

be sure to wear some flowers in your hair

BLUE

JEANS

Serge de

NÎMES

GENUA

Además, los pantalones tenían que ser resistentes... Por eso fijaban los bolsillos con tachuelas.

GOLD RUSH!

BABY MAKES HER BLUE JEANSTALK

¡Cuidado que no se rompa la porcelana!

¡El azul también es muy popular entre las aerolíneas!

This is your BiG smurf smurfing!

Antiguamente las cartas se escribían a mano en papel de color AZUL CIELO.

A PRIOR AIR BUS

MAIL

Hoy casi todos los correos se envían a través de la «nube».

«Es una pena para los coleccionistas de sellos.»

B ros

«Ven con nosotros al país de los Pitufos...»

¡Era mucho más lento que ahora!

¡Saludos desde los POLOS!

El azul es frío.

AIR BUS

correo aéreo

¿Sabíais que los Pitufos tienen avión propio?

T M from Vinland

¡GLO!

North POLE

Los osos polares viven en el Polo Norte.

«¡Bienvenidos a bordo del barco de los osos!»

yo no soy marinero soy Capitán

marinero ¡GLO!

un banco de peces

El agua parece azul porque refleja la luz.

Los pulpos son de la familia de los calamares.

Los pingüinos viven en el sur.

South

POLE

SIRENE

sirena

A veces se oyen cantos de sirena entre los arrecifes traidores.

440/h

Hubo un barco Bluebird que se hundió.

Estos cisnes no tienen ni sirena ni luz azul.

OTTO PUSSY

«Me gusta el azul.»

7

PUSSY

amarrador

mancha de crudo

«A mí no me dice nada..»

BiG BUBBLE

Estos pajaritos azules tienen mucho que decirse.

I'm a bluebird

I'm a bluebird

Bluebird también es el nombre de un coche que se construyó expresamente para batir el récord de velocidad.

440/h

¿Millas o kilómetros?

«¿Dónde está mi llave inglesa?»

der blaue Engel

Este ángel azul lo veía todo en blanco y negro.

azul marino

Sir Ian's BLUEBIRD LAND SPEED RECORD CAR

¡Y lo consiguió!

azul cielo

¡azul muy oscuro!

«Ya me lo parecía...»

AN DER SCHÖNEN BLAUEN DONAU

PAR BLEU!

«¿Alguien ha leído El pájaro azul de Maeterlinck?»

BiG DATA

«¡Me encanta la canción de los pajaritos!»

FAT CAT

BLUE PRINCE

rojo como un tomate

LOVE

«¡Oh, mi amada azul!»

Ce n'est qu'un BLEU!

Barba Azul se pasó un poco...

ducha fría

«¡Nosotros somos los auténticos Bluebirds!»

Mira qué ha pescado esta garza real.

«¿No sientes mariposas en el estómago?»

«¡Díselo con flores!»

¡El grifo azul es el del agua fría!

mirlo americano

$

BiG in France

El bolígrafo azul es un invento francés.

Sangre azul

Este joven príncipe busca una reina de corazones de sangre azul.

PIERRE BLEUE

T M

BARBA AZUL AKA HENRI VIII

¡no era ningún angelito!

mármol azul

29

En inglés, cuando alguien está triste se dice que tiene el *blues*.

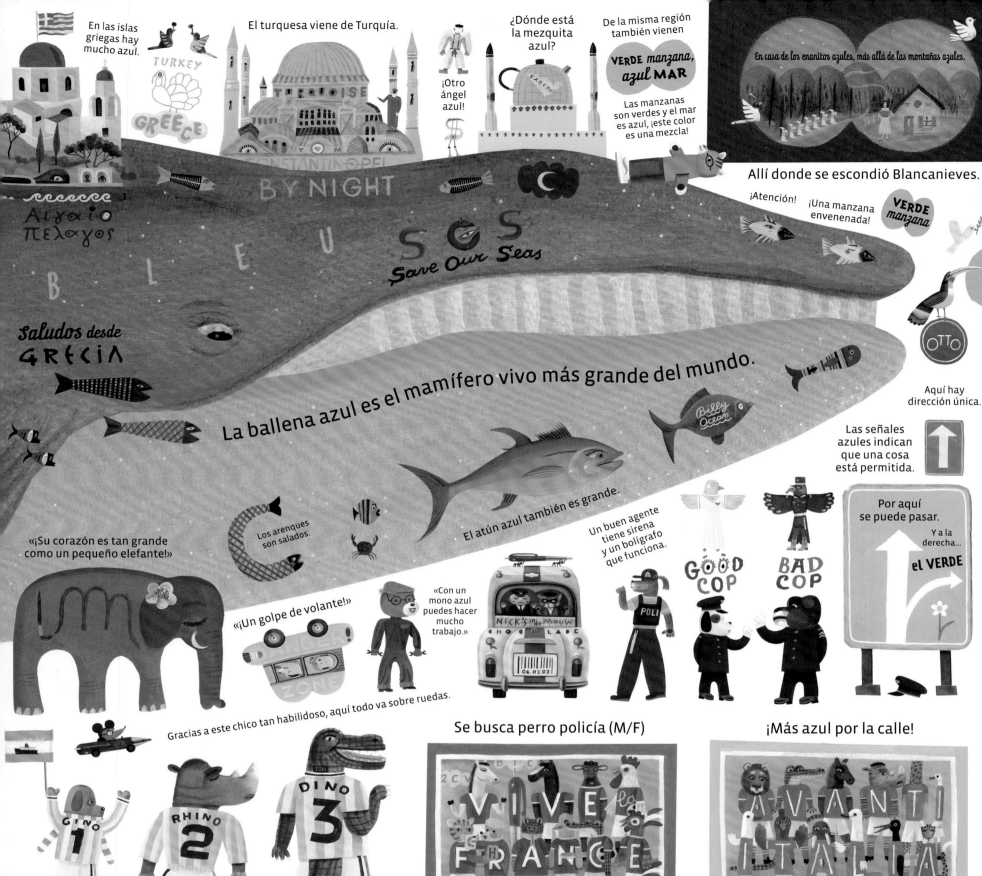

En las islas griegas hay mucho azul.

TURKEY
GREECE

El turquesa viene de Turquía.

TURQUOISE

¿Dónde está la mezquita azul?

¡Otro ángel azul!

De la misma región también vienen

VERDE *manzana*, *azul* MAR

Las manzanas son verdes y el mar es azul, ¡este color es una mezcla!

En casa de los enanitos azules, más allá de las montañas azules.

CONSTANTINOPEL BY NIGHT

Αιγαίο Πελαγος

BLEUS SOS
Save Our Seas

Allí donde se escondió Blancanieves.

¡Atención! ¡Una manzana envenenada!

VERDE *manzana*

Saludos desde GRECIA

OTTO

Aquí hay dirección única.

La ballena azul es el mamífero vivo más grande del mundo.

Billy Ocean

Las señales azules indican que una cosa está permitida.

«¡Su corazón es tan grande como un pequeño elefante!»

Los arenques son salados.

El atún azul también es grande.

Un buen agente tiene sirena y un bolígrafo que funciona.

GOOD COP

BAD COP

Por aquí se puede pasar.

Y a la derecha... el VERDE

«¡Un golpe de volante!»

«Con un mono azul puedes hacer mucho trabajo.»

POLI

NICK'S in Mouw CHOCOLADE

Gracias a este chico tan habilidoso, aquí todo va sobre ruedas.

GINO 1
RHINO 2
DINO 3

Se busca perro policía (M/F)

les BLEUS (FRANCE)

la SQUADRA AZZURRA (ITALIA)

¡Más azul por la calle!

A muchos equipos de fútbol les gusta vestir de azul.

¿Quién va a ayudar a nuestros amigos a encontrar a su equipo?

'How do Judo?'

ojo morado

«¡Esto son guantes de jardinero!»

¡Los porteros son los mejores!

Algunos judokas van de azul.

Otto ya tiene el cinturón azul.

¿Dónde está Messi?

la ALBICELESTE (ARGENTINA)

¿Y Nessie?

the TARTAN TERRIERS (SCOTLAND)

También Rusia, Uruguay, Nicaragua, Camboya, Japón...

VERDE

amarillo + azul

azul + amarillo = verde

VERDE *mar*

Naturalmente, el verde es el color de la naturaleza.

«¿Todavía están verdes estos plátanos?»

BANANA BOAT

BANANA BOAT *song*

Paradisco Jamaica

Oh my island in the sun...

Saludos desde Groenlandia

ERIK

Groenlandia quiere decir «país verde», aunque no lo sea. Eric el Rojo le puso este nombre para animar a otros colonos noruegos a venir a este lugar tan frío.

Hoy en día lo que más preocupa a los habitantes de esta isla es que el hielo de los polos se está derritiendo.

«¡Bar... la vist...

VIKING   PARIS → DRAKKAR

Vicky el vikingo

Si hay bandera verde, te puedes bañar.

«Soy un polizón.»

DRAKKAR

Un drakkar es un barco vikingo.

Paradiso

«¿Hay algo más verde que 4 loros en un manzano con 12 manzanas?»

Brazil

Hi!

verde fresco

BIG APPLE

Hi!

I ♥ NY

manguera verde

¿hoja de higuera?

En un paisaje hay muchas tonalidades de verde.

I ♥ EVER GREENS   TOM

Algunos piensan que Brasil es el paraíso.

Nº1   OCT 1888
NATIONAL GEOPOETIC
Brazil

botas de agua

13

Estos ancianos se quieren como el primer día.

Granny Smith

«Nos parecemos mucho.»

GREEN DADDY

VERDE *manzana*

LI...ON

«¡Qué manzana tan grande!»

Fox tale

ROBIN HOODY

En el bosque de Sherwood todos llevan ropa de un verde Lincoln Green.

fuente decorativa

arco

«Yo disparo con ballesta.»

BIG APPLE

Los discos también se vuelven marrones.

Las hojas tienen un tono **MARRÓN**

GOLD & Brown

FUMAR **NO** ES **GUAY**

Muchas cosas viejas son marrones.

reloj — de bolsillo

sepia

GOUD & OUD

Con el tiempo hay cosas que tienen más valor.

castaño

hoja de encina

¡Esto no son ni una pipa ni un gato!

marrón rojizo

Muchas fotos antiguas son de color sepia. El nombre viene de la tinta de la sepia común.

marrón claro

bellota

«En esta madriguera no cabe nadie más.»

«No soy ningún armado!»

¿Esto es un armadillo?

YOU ♥ ARE MY

cabellos castaños

BROWN 👁 GIRL

ojos marrones

El sol dorado te pone moreno.

«¡Ponte crema solar!»

¡Muy TOSTADOS!

Estos animales hacen una colección de otoño.

«¡También tengo otros colores!»

El marrón es una constante en la moda de otoño.

La mayor parte de los animales del bosque tienen el pelo marrón.

CAT

colores de otoño

La turba es un combustible fósil.

Si mezclas todos los colores, es probable que te salga el marrón.

Los osos pardos no se ponen morenos tomando el sol.

Hay osos pardos de todas las tonalidades.

«¡Coles marrones!»

«Hora de tomar algo.»

marrón grisáceo

Je m'appelle Canelle!

marrón oscuro

marrón canela

Estos antepasados lejanos del elefante tenían el pelo castaño oscuro (¡y les tapaba los ojos!) y unos dientes larguísimos.

¡No soy un FÓSIL!

Una gran caca de mamut

MAM MUTI

Seguro que no lo disecaron así.

Afe

¿un café?

«Hola, Castaño.»

«Hola, Castaño.»

Sin agua, todo se vuelve seco y marrón...

cerveza tostada

tostada

cuero marrón

zapatillas marrones

... ¡y la inspiración se agota!

Una merienda de osos.

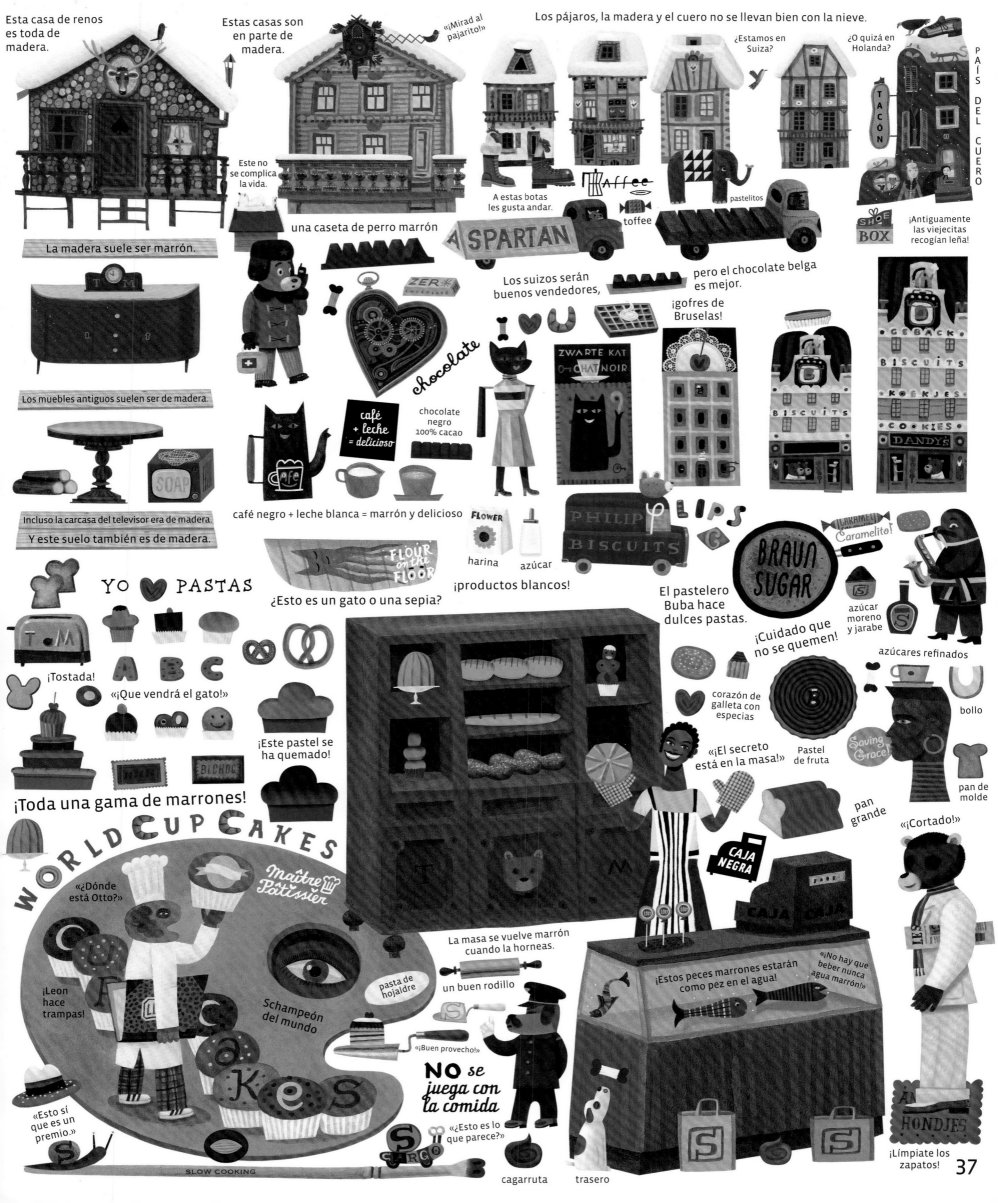

Saludos desde **Chocolate TOWN** *Summer in the city*

¿Carla Brownie?

HA HA HA HO

¡Si te quedas en la ciudad en verano puedes tomar el sol en el tejado!

FUMAR NO ES GUAY

una caja de puros

«¿Ya dejamos de fumar al fin?»

CLOSE · BUT · NO · CIGAR

BIG BANQUE

Estos grandes bancos se alzan orgullosos, ¿pero está seguro ahí nuestro dinero?

CAFE

BROWNSTONE

Hacer brownies es *a piece of cake*

«¡Cuidado al llegar al punto de fusión!»

MELLOW cake

Mundo

¡Una pasta marrón y pegajosa!

BRAND LADDER

«¡El chocolate a la taza está buenísimo!»

HOT *choco late*

$ @ £ € I III

UPS & DOWNS

«El dinero negro toma el sol en Panamá.»

FIRE ESCAPE

Si el agua, el aire y el hierro pasan demasiado tiempo juntos, aparece el óxido.

TOTAL S MELT DOWN

TOSTADOS UNIDOS

Las «brownstones» son unas casas hechas con gres como material de construcción.

S HOT DOG

«Todavía buscamos perros jóvenes.»

HOT DOG

En otoño todo se vuelve marrón.

BROWNIN
VICTORIAN INDI

FREO

El tiempo determina la paleta de color.

Están peinando el vecindario.

BOXER

talla de zapato

38

botas de cuero

¡La señora Zorro tiene toda una colección de perritos!

¡Por favor, todos los perros con correa!

Fuera de la ciudad también hay muchas cosas marrones.

Este antiguo tren de mercancías no funciona con turba, sino con coque.

YOU MUST TAKE THE 8 TRAIN

Rusty Springfield

marrón tierra

«¡Veo la torre catedral de Malinas!»

torre TERRA

cinturón marrón

Este campo marrón ya casi está arado.

AMERICAN FIELD SERVICE

BROWN

Los «brownfields» son campos contaminados que se reutilizan.

¡Todo marrón!

¿Snoop Dog?

¿Quién vive en esta caseta de madera?

¡A nadie le gusta tener un topo en el jardín!

SOAP

¡Charles Brownie!

Big Burger

BiG BURGER

Big Burger

ICHJOLICIOL LATE

Las hamburguesas de cordero, de jamón y de verduras se pueden cocinar hasta quedar marrones.

Si no cuidas de las cosas de hierro, se oxidan.

TOSTADO

ÓXIDO

excavadora muy oxidada

RUST BELT

¿Cabe mucha agua en un barril de madera?

SCHAMP

candado oxidado

YO ♥ U

«¡Aquí no queremos a los camisas pardas ni a sus brigadas!»

«¡Con calma!»

SUMMER STONES

«¡Ritmos geniales!»

¡Bye Bye, marrón!

👁 B 👁

¿Y ahora qué vendrá?

Papa's GoT a Brand New Bag!

¡Por lo menos cien perros!

The hardest working man in showbizz!

D G

El marrón es elegante y atemporal.

GuiTar B

El beige es marrón claro.

James BRAun

39

«Todos estos colores nos han pasado volando...»

GRIS

BLANCO

NEGRO

¿Vamos hacia delante?
¿O volvemos atrás?

AMARILLO

NARANJA

ROJO

ROSA

AZUL

VERDE

MARRÓN

24 → 27   28 → 31   32 → 35   36 → 39

«¡Qué bonito cuando se juntan todos los colores!»